Las 42 Leyes de Maat

LAS 42 LEYES DE MAAT

Traducido del francés.
Published by Sven Marage - LX Volition
Cover design by Sven Marage

lxvpublishings.com

Prefacio

Las 42 leyes de Ma'at no es el título original de este texto. De hecho, el papiro Nebseni recoge estas "leyes" bajo el nombre de La confesión negativa (Budge, 1898).

La Confesión Negativa es una sección del Libro [egipcio] de los Muertos, que describe una escena en la que el difunto se confiesa ante los Asesores de Ma'at, la diosa egipcia de la Verdad y la Justicia. Cada una de estas cuarenta y dos deidades recibía una confesión negativa por parte del difunto, que comenzaba con "Yo no he...", y era seguida por un pecado.

Después de esta sesión de confesión, Ma'at pesaba el corazón del difunto. Si el corazón pesaba más que una pluma de avestruz, era devorado por el monstruo Ammyt, lo le impedía al difunto alcanzar la inmortalidad. Se creía que el espíritu del difunto nunca encontraría la paz.

Las 42 leyes de Ma'at eran en realidad confesiones. Sin embargo, en aras de la legibilidad y la renovación, esta publicación presenta dichas confesiones a modo de mandamientos. El objetivo por tanto es referirse a sus acciones futuras, más que a sus acciones pasadas. Por ello, todas las leyes citadas en este libro comienzan con "Yo no...", en lugar de "Yo no he...".

Tenga en cuenta que el propósito de este libro no es explicar o interpretar estos mandamientos. Aunque las leyes hayan sido adaptadas a nuestro contexto contemporáneo, las 42 Leyes de Ma'at se "ponen a disposición" tal y como son.

1

Yo no seré injusto.

2

Yo no robaré
con violencia.

3

Yo no seré violento.

4

Yo no cometeré hurtos.

5

Yo no mataré a nadie.

6

Yo no estafaré a nadie.

7

Yo no actuaré
con deshonestidad.

8

Yo no robaré
a los Dioses.

9

Yo no diré mentiras.

10

Yo no robaré comida.

11

Yo no pronunciaré
malas palabras.

12

Yo no atacaré a nadie.

13

Yo no maltrataré
a los animales.

14

Yo no robaré
la propiedad de nadie.

15

No haré
acusaciones falsas.

16

No voy a escuchar
a escondidas.

17

Yo no insultaré a nadie.

18

Yo no violaré la ley.

19

Yo no seduciré a la mujer
o al marido del prójimo.

20

Yo no actuaré en contra
de las buenas costumbres.

21

Yo no aterrorizaré a nadie.

22

Yo no seré infiel.

23

Yo no me enfadaré
sin motivos.

24

Yo no me negaré
a escuchar la Verdad.

25

Yo no romperé la paz.

26

Yo no haré llorar a nadie.

27

Yo no sentiré tristeza
sin motivos.

28

Yo no perderé la calma.

29

Yo no robaré
ni le faltaré el respeto
a los muertos.

30

Yo no utilizaré
la violencia.

31

Yo no actuaré ni juzgaré
precipitadamente.

32

Yo no blasfemaré.

33

Yo no exageraré
mis palabras.

34

Yo no seré malvado.

35

Yo no destruiré
la propiedad de los Dioses.

36

Yo no contaminaré
las aguas ni la tierra.

37

Yo no hablaré
con arrogancia.

38

Yo no le quitaré
la comida a un niño.

39

Yo no seré insolente.

40

Yo no me pondré
en un pedestal.

41

Yo no fornicaré.

42

Yo no me meteré
en los asuntos
de los demás.

Bibliografía

Budge, E. A. W. (1898). *The Book of the Dead.* London, United Kingdom: Kegan Paul, Trench, Trubner & Co., Ltd.
Consultado el 18 de mayo de 2022 de: http://www.public-library.uk/dailyebook/The%20Egyptian%20Book%20of%20the%20Dead.pdf

Le Page Renouf, P., & Naville, E. H. *et al.* (1904). *The Egyptian Book of the Dead.* London, United Kingdom: The Society of Biblical Archælogy.
Consultado el 20 de mayo de 2022 de: https://ia800504.us.archive.org/34/items/egyptianbookofde00reno/egyptianbookofde00reno.pdf